Bibliografische Information der Deutschen Nationalbibliothek:

Die Deutsche Bibliothek verzeichnet diese Publikation in der Deutschen National-bibliografie; detaillierte bibliografische Daten sind im Internet über http://dnb.d-nb.de/ abrufbar.

Impressum:

Copyright © 2008 GRIN Verlag, Open Publishing GmbH
Druck und Bindung: Books on Demand GmbH, Norderstedt Germany
ISBN: 9783640686421

Dieses Buch bei GRIN:

http://www.grin.com/de/e-book/155139/die-umsetzung-der-serviceorientierten-architektur-soa-in-der-firma-sap

Markus Kammermeier, Elisabeth Hötzinger

Die Umsetzung der Serviceorientierten Architektur (SOA) in der Firma SAP

GRIN Verlag

GRIN - Your knowledge has value

Der GRIN Verlag publiziert seit 1998 wissenschaftliche Arbeiten von Studenten, Hochschullehrern und anderen Akademikern als eBook und gedrucktes Buch. Die Verlagswebsite www.grin.com ist die ideale Plattform zur Veröffentlichung von Hausarbeiten, Abschlussarbeiten, wissenschaftlichen Aufsätzen, Dissertationen und Fachbüchern.

Besuchen Sie uns im Internet:

http://www.grin.com/

http://www.facebook.com/grincom

http://www.twitter.com/grin_com

Hochschule Deggendorf

Fakultät Betriebswirtschaft und Wirtschaftsinformatik

(Master-Studiengang Wirtschaftsinformatik)

Prüfungsstudienarbeit im Fach

„Middleware"

Thema:

SOA bei SAP

vorgelegt von: Markus Kammermeier

und
Elisabeth Hötzinger

vorgelegt am: 30.11.2008

Inhaltsverzeichnis

1 Einleitung

1.1 Motivation

In der Entwicklung von IT-Landschaften gab es immer große Trends. Zu Beginn der 70er Jahre waren Mainframe-Systeme State of the Art. Diese waren auf die zentralistische Struktur von Unternehmen bestens ausgerichtet. Jedoch waren Prozessänderungen nur im Rahmen großer Projekte möglich.

Mitte der 80er Jahre bis Anfang der 90er Jahre wurden die Client/Server-Architekturen populär. Dies war die Geburtsstunde von dezentralen und skalierbaren Softwaresystemen wie z.B. SAP R/3. Unternehmen waren nun in der Lage, flexibel auf externe Marktveränderungen zu reagieren und gleichzeitig ihre Geschäftsprozesse integriert abzuwickeln.

Mitte bis Ende der 90er Jahre wurde dann durch das Internet der Grundstein für die Abwicklung von Geschäftsprozessen über Unternehmensgrenzen hinweg gelegt. Neue Systeme für Supply Chain Management, Customer Relationship Management und vieles mehr unterstützten diesen Trend.

Heute haben Unternehmen mit der Best-of-Breed-Strategie heterogene und sehr komplexe Systemlandschaften aufgebaut. Zum einen bieten diese sehr viel Komfort, da die Einzelkomponenten über ein Maximum an Funktionalität verfügen, zum anderen sind aber hohe Investitionen für die Integration notwendig.

Aktuell werden IT-Abteilungen neben den heterogenen Systemlandschaften und den unternehmensübergreifenden Geschäftsprozessen mit weiteren Herausforderungen konfrontiert. Die Kommunikation zwischen den Fachbereichen und der IT muss als wesentliche Grundlage für gelungene Prozessimplementierungen weiter verbessert, und die Flexibilität der Anwendungen erhöht werden.

Ein Lösungsansatz dafür ist eine umfassende Integration von Prozessen und Daten einerseits und von Anwendungen und den Schnittstellen zum

Menschen andererseits. Eine solch umfassende Integration rückt mit einer serviceorientierten Architektur in greifbare Nähe[1].

1.2 Zielbeschreibung

Im Rahmen dieser Arbeit wird nach einer kurzen Begriffsklärung rund um das Thema SOA dargestellt, wie dieses Paradigma durch die SAP AG adaptiert wurde. Dabei wird geklärt was SAP unter SOA bzw. Enterprise SOA versteht, welche Vorteile daraus entstehen und auch wie SAP seine Kunden bei einem sanften Umstieg auf das neue Konzept unterstützt.

Anschließend werden die Komponenten der technischen Umsetzung – insbesondere das Produkt NetWeaver – vorgestellt. Anhand eines konkreten Beispiels wird sodann erläutert, wie Services bereitgestellt und konsumiert werden können.

Im letzten Teil dieser Arbeit erfährt die Umsetzung des SOA-Konzeptes durch SAP eine kritische Würdigung. Offene Fragen werden aufgezeigt und es werden konkrete Handlungsempfehlungen für den sinnvollen Einsatz zum derzeitigen Zeitpunkt gegeben.

2 Begriffsklärung

In der Literatur findet man zahlreiche Definitionen für die Serviceorientierte Architektur (kurz SOA). Die Grundidee hinter dieser Informationssystem Architektur ist es, Funktionen als Dienste zu kapseln und so in verteilten Systemen neue Anwendungen aus lose gekoppelten Diensten erzeugen zu können. Dabei wird in der Praxis eine Kommunikation über Standardprotokolle gefordert, um auch heterogene Systeme miteinander verbinden zu können. Das Softwareengineering fordert darüberhinaus einen hohen Grad an Wiederverwertbarkeit für die einzelnen Dienste, was schlussendlich die Qualität der Software steigern soll.

---

[1] vgl. (Karch, Heilig, Bernhardt, Hardt, Heidfeld, & Pfennig, 2005, S. 209)

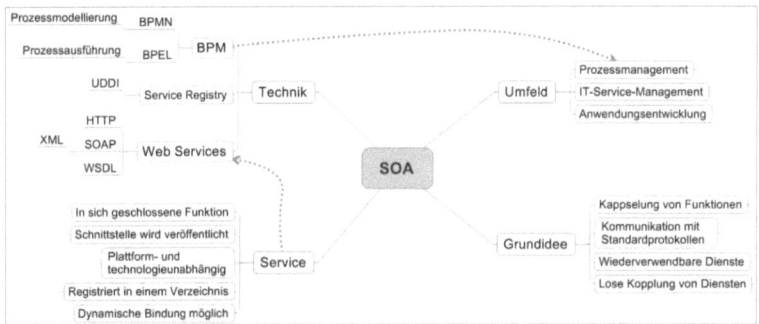

Darstellung 2-1: Übersicht SOA

Die Anwendungsgebiete für eine SOA sind vielfältig. In dieser Arbeit betrachten wir insbesondere die Anwendung im Prozessmanagement und der Anwendungsentwicklung. Im Prozessmanagement werden einzelne Prozessschritte als Dienste realisiert. Auf diese Weise können system- und unternehmensübergreifende Prozesse geschaffen werden (siehe auch 3). Bei der Anwendungsentwicklung schafft eine SOA neue Möglichkeiten für die Wiederverwendbarkeit von Funktionen. Konnten bisher Funktionen nur innerhalb eines Systems mehrfach verwendet werden (z.B. durch systemübergreifende DLLs), können jetzt auch Dienste anderer Systeme – sogar dynamisch – eingebunden werden.

Das zentrale Element einer SOA ist der Dienst bzw. Service. Gemäß der Definition in (Heutschi, 2008) ist „ein Service ein abstraktes Software-Element bzw. eine Schnittstelle, die anderen Applikationen über ein Netzwerk einen standardisierten Zugriff auf Anwendungsfunktionen anbietet". In der Praxis wird zudem die Verwendung von Standards bei der Veröffentlichung der Schnittstelle (WSDL) und der Übertragung (in der Regel SOAP) gefordert.

Weitere Details des SOA-Paradigmas und die technischen Umsetzung werden in den Vorträgen zu diesem Kurs in diesem Semester erläutert.

3 SOA@SAP

3.1 Von SOA zu Enterprise SOA

Die SAP AG nennt ihre Adaption des SOA Konzepts Enterprise SOA (kurz: E-SOA). Beim klassischen SOA werden meist isolierte, manuell erstellte Funktionen bzw. Services ohne übergeordnete Steuerung betrachtet. Da dies schnell zu Chaos führen kann, werden bei E-SOA sogenannte einsatzfertige Services mit Bezug auf konkrete Geschäftsprozesse fokussiert. Ein einheitliches Repository trägt hier wesentlich zur Integrität bei.

3.2 Zusammenwirken von BPM[2] und SOA

Wie bereits in der Einleitung erwähnt, ist die heutige Systemstruktur vieler Unternehmen durch den Best-of-Breed-Ansatz geprägt. In einer Vielzahl von Spezialsystemen wie CRM[3], SCM[4] und PLM[5] sind zahlreiche Funktionen abgebildet und zum Teil sicher auch verknüpft. Jedoch trägt dies noch lange nicht der unternehmerischen Realität Rechnung. Tatsächlich ist es so, dass praktisch jeder reale Geschäftsprozess mehrere Systeme betrifft.

Nehmen wir zum Beispiel den Kundenauftragsprozess. Dieser wird normalerweise im CRM System starten. Dort werden sogenannte Opportunities verwaltet, Verkaufsdaten ausgewertet und Kampagnen geplant. Nach erfolgreicher Durchführung entschließt sich ein Kunde zum Kauf und wird eine Bestellung bzw. einen Kundenauftrag im ERP-System platzieren. Hier werden unter anderem relevante Konditionen ermittelt und später die Abwicklung im Finanzwesen und Controlling durchgeführt. Zuvor jedoch löst der Kundenauftrag im SCM-System die Beschaffung von Rohstoffen und die Planung von Produktionskapazitäten aus. Die Abhängigkeiten und Wechselwirkungen zwischen den beteiligten Systemen eines Geschäftsprozesses finden natürlich auch in die andere Richtung statt. Wenn etwa in der Qualitätsprüfung (ERP) der Fertigerzeugnisse ein Problem festgestellt, und daraufhin zu Wartungszwecken eine Stillstandszeit auf einer

---

[2] BPM = Business Process Management
[3] CRM = Customer Relationship Management
[4] SCM = Supply Chain Management
[5] PLM = Product Lifecycle Management

Maschine eingeplant werden muss (SCM), so verschieben sich eventuell die Lieferzeiten für den Kunden (ERP).

Wie will es SAP nun meistern, die Abbildung von Geschäftsprozessen näher an der Realität auszurichten und die geforderte Integration zu ermöglichen? Dies wird durch folgende Darstellung veranschaulicht:

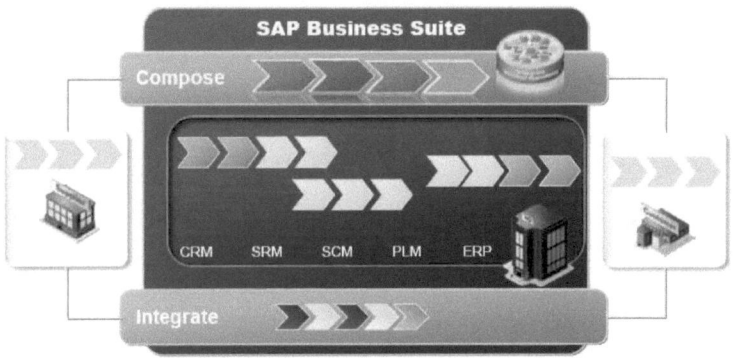

Darstellung 3-1: Flexible Geschäftsprozesse durch SOA[6]

Die Idee ist, die bisher starr in einem System implementierten Prozesse in ihre Einzelteile zu zerlegen und als flexibel miteinander verknüpfbare Bausteine bzw. Services zur Verfügung zu stellen (Integrate). Diese können je nach den Anforderungen des Unternehmens zu Geschäftsprozessen zusammengesetzt werden (Compose). Dabei können natürlich nicht nur von SAP bereitgestellte, sondern auch von Kunden, Lieferanten bzw. Drittanbietern angebotene Services miteinbezogen werden. Dies wird durch die Verwendung von technischen Standards sichergestellt (siehe Kapitel 5).

Neben der Flexibilisierung und damit der besseren Integration von Geschäftsprozessen, ist aus Sicht des Business Process Management (kurz BPM) auch die Entkoppelung der Geschäftsebene von der darunterliegenden IT-Infrastruktur ein wichtiger Aspekt. Im Rahmen der Umstellung auf eine serviceorientierte Architektur wird der Bedarf an Services zunächst durch das Business vorgegeben werden. Aufgabe der IT ist die Bereitstellung der

---

[6] Quelle: (Jie Deng, 2008)

Funktionalität unter Verwendung der vorhandenen Systeme. Zukünftige Veränderungen auf IT-Ebene werden jedoch keinen direkten Einfluss mehr auf die Geschäftsprozesse haben, da die grundsätzliche Funktion eines Services bestehen bleibt.

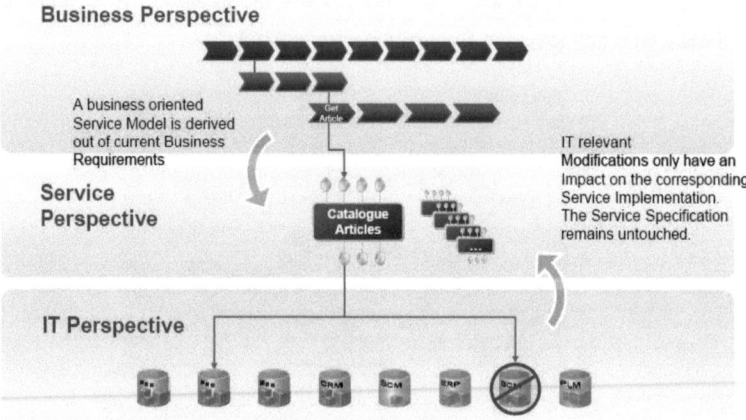

Darstellung 3-2: Entkopplung von Business und IT[7]

Ein Service „Get Article" beispielsweise liefert aus der Sicht Business-Perspektive immer Materialnummern nach bestimmten Kriterien zurück. Ob hierbei auf ein oder mehrere Systeme zurückgegriffen wird spielt keine Rolle.

3.3 Vorteile einer Enterprise SOA

Der Einsatz von Enterprise SOA bietet allgemein folgende Vorteile[8]:

- **Reduktion der TCO (Total Cost of Ownership):** Durch die Konsolidierung von IT-Systemen und/oder Prozessen sinken die IT- und Prozesskosten.

- **Flexibilität:** Die Entkopplung von Prozessschritten ermöglicht es, schneller und kostengünstiger Veränderungen der Prozesse in der IT abzubilden.

---

[7] Quelle: (Rosenberg & Dietrich, 2008)
[8] Quelle: (Karch & Heilig, 2008)

- **Innovation:** Durch die Verwendung von Prozessschritten in innovativen neuen Anordnungen kann ein Unternehmen Prozessinnovationen realisieren und sich darüber gegenüber dem Wettbewerb differenzieren.

Je nach konkreter Verwendung und Ausprägung von E-SOA können aus Sicht der Fachbereiche weitere Vorteile genannt werden. Es wurde bereits erläutert, dass die Integration zwischen Systemen erheblich verbessert werden kann. Dies ermöglicht sowohl unternehmensintern als auch unternehmensübergreifend eine bessere Zusammenarbeit. Durch die Entkoppelung von Services wird weiterhin das Outsourcing und Outtasking vereinfacht.

Von zentraler Bedeutung ist natürlich stets die Qualität. Diese kann im Hinblick auf die Prozessbearbeitung gesteigert werden, da z.b. gleiche Funktionen (z.b. Verfügbarkeit prüfen) an unterschiedlichen Stellen (Vertriebsinnendienst, Call Center) und auch in verschiedenen Prozessen (Anfrage, Reklamation) gleichartig ausgeführt werden und zum gleichen Ergebnis führen.

Last but not least kann im Rahmen der Compliance den regulatorischen Anforderungen nach höherer Transparenz (z.B. Sarbanes-Oxley Act) durch die homogene und klar dokumentierte Enterprise-Service-Infrastruktur besser entsprochen werden.

Aber nicht nur das Business, sondern auch die IT kann von E-SOA profitieren. Durch die Wiederverwendbarkeit von Services werden funktionale Redundanzen eliminiert, wodurch die Entwicklungsgeschwindigkeit und – Qualität verbessert werden kann. Eine einheitliche Plattform wirkt sich auf der Kostenseite positiv aus und die Verknüpfung von Applikationen wird einfacher. Dies wird zum einen durch die Verwendung von Standards und zum anderen durch die vereinfachte inhaltliche Kommunikation durch eine einheitliche Semantik im Enterprise Repository erreicht.

Darüber hinaus ist zu erwarten, dass über das E-SOA-Modell die Kommunikation zwischen der IT und den Fachbereichen verbessert wird, da

beide Seiten ein gemeinsames Verständnis der diskutierten Inhalte
erreichen. Dadurch wird der Grundstein für eine gelungene Umsetzung von
Geschäftsprozessen in IT-Systemen gelegt.

Die beste Nachricht zum Schluss: E-SOA stellt CIOs nicht vor eine
Entweder-Oder-Entscheidung, sondern es ist eine langsame Migration
möglich. Wie SAP seine Kunden beim sanften Umstieg auf E-SOA
unterstützt wird im nächsten Abschnitt erläutert.

3.4 ES Workplace und ES Bundles

Der Ausgangspunkt für den Einstieg in E-SOA ist der Enterprise Service
Workplace von SAP. Dieser steht im Internet unter der Adresse
`https://www.sdn.sap.com/irj/sdn/esworkplace` zur Verfügung.

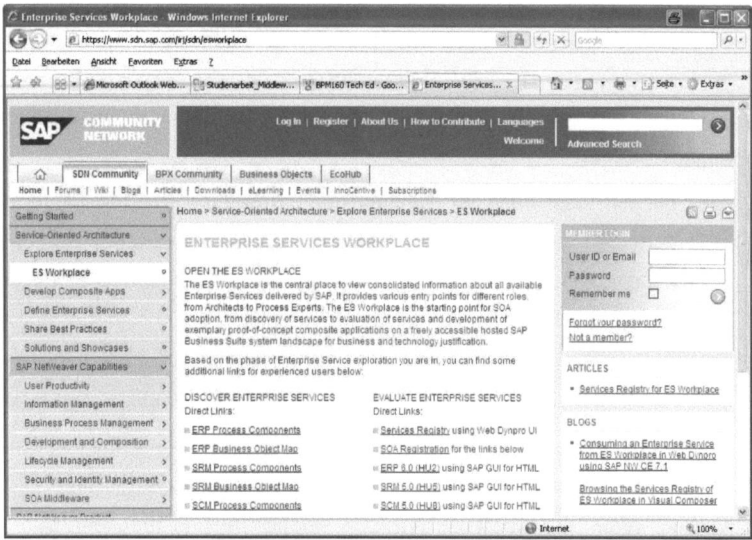

Darstellung 3-3: Der Enterprise Service Workplace von SAP[9]

Im ES Workplace können alle von SAP zur Verfügung gestellten Enterprise
Services durchsucht werden. Desweiteren stehen hier Tutorials, Artikel und
Blogs zum Thema E-SOA zur Verfügung. Kunden von SAP haben außerdem
die Möglichkeit, Services bzw. Composite Applications auf einem von SAP
bereitgestellten System zu testen.

---

[9] Quelle: https://www.sdn.sap.com/irj/sdn/esworkplace

Bestandskunden von SAP erhalten Enterprise Services in sogenannten Bundles. Dabei handelt es sich um bereits einsatzfähige Funktionen, die in einem bestimmten Business-Kontext stehen. Im Bereich Sales and Service wurde bereits 2007 beispielsweise das Kundenstammblatt (Customer Fact Sheet) ausgeliefert.

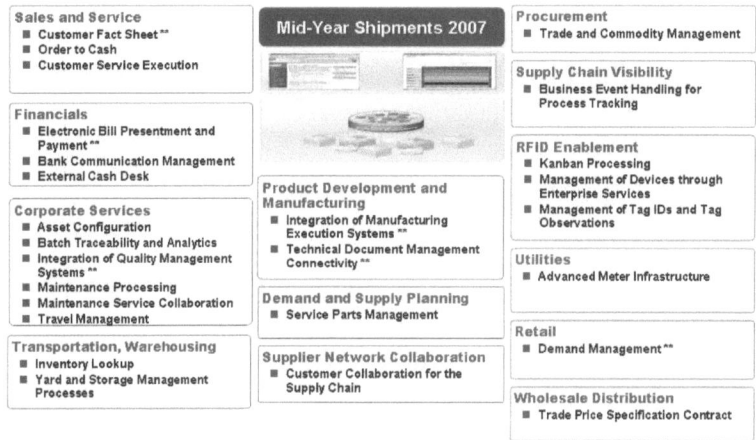

Darstellung 3-4: Enterprise Service Bundles[10]

---

[10] Quelle: SAP AG

4   Komponenten der SOA-Middleware (NetWeaver)

4.1 Application Server

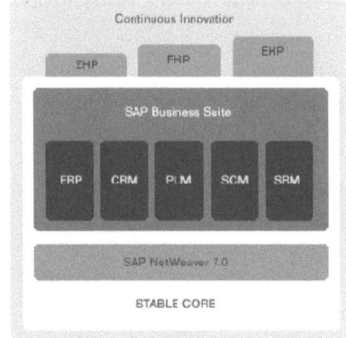

Technologische Plattform für die Umsetzung einer SOA ist der SAP NetWeaver Application Server. Er ist aus dem Basispaket des Softwareproduktes R/3 hervorgegangen und bildet heute die Plattform für (fast) alle Produkte der Firma SAP (siehe Darstellung 4-1).

Darstellung 4-1: Aufbau AS

Der NetWeaver Server stellt als Middleware die Kommunikationsschicht zwischen Datenbank bzw. Betriebssystem und Business Produkt (z.B. ERP, CRM, SCM, ...) bereit. Bestandteile dieser Schicht sind z.b. Benutzerverwaltung, Berechtigungskonzept, SQL-Schnittstelle, Kommunikationsprotokolle, etc. Aktuell wird SAP NetWeaver Version 7.0 ausgeliefert. Version 7.1 befindet sich derzeit in der Rampup-Phase (Auslieferung bei Pilotkunden).

SAP NetWeaver bietet eine ausgereifte Plattform für die Integration der Prozesse und Systeme innerhalb des Unternehmens. Darstellung 4-2 zeigt die vier Ebenen der Unternehmens-IT, auf denen Integration stattfinden kann[11]:

1. Frontend

   Integration aller Funktionen in eine einheitliche und einfache Oberfläche. Kernelement ist das Unternehmensportal, das eine einheitliche Schnittstelle für alle Anwendungen bereitstellt.

2. Informationen

   Verwaltung von Informationen aus verschiedenen Quellen. Beispiele

---

[11] Quelle (Karch & Heilig, 2008, S. 41)

hierfür sind das Stammdatenmanagement (Master Data Management) oder die unternehmensweite Suche (Enterprise Search).

3. Prozesse

Bereitstellung von Funktionen zur Realisierung applikations- und unternehmensübergreifenden Prozessen (siehe auch 4.2).

4. Applikationen

NetWeaver stellt selbst Komponenten für die Ausführung von ABAP- und JAVA-Applikationen zur Verfügung. Darüberhinaus werden Schnittstellen zu anderen Plattformen, wie z.B. Microsoft .NET, angeboten.

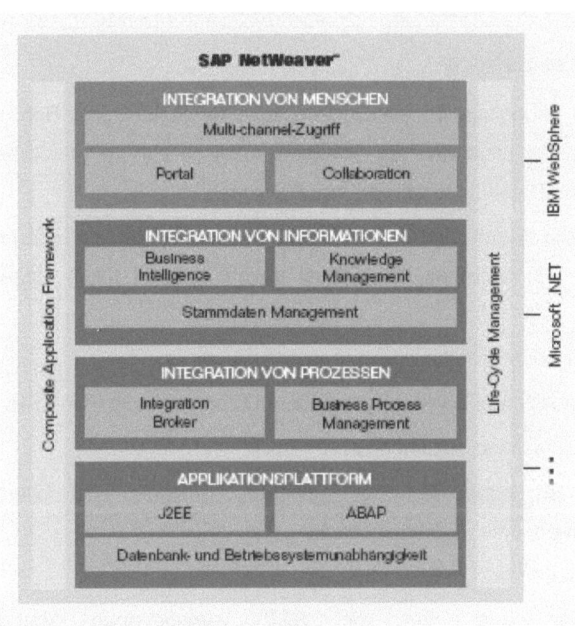

Darstellung 4-2: Ebenen der Integration

4.2 Process Integration (ehem. XI)

Das Produkt SAP NetWeaver Process Integration (kurz PI) ist der Nachfolger der Exchange Infrastructure (kurz XI). Die PI stellt die Middleware im SOA-Konzept von SAP bereit. Sie umfasst neben der reinen Integration auf technischer Ebene über Adapter auch die Entwicklung von Geschäftsprozessen, Integrationsszenarien und letztlich die Unterstützung von Geschäftsaufgaben. Als zentraler Message-Hub dient sie zum Informationsaustausch und zur Prozesssteuerung in einer heterogenen Systemlandschaft.

Konkret stellt die PI Design- und Konfigurationswerkzeuge, eine Prozessengine, Adapter für die Anbindung externer System und Monitoring-Werkzeuge bereit.

In einer SOA beinhaltet die PI die beiden wesentlichen Komponenten das Enterpriese Service Repository (kurz ESR) und die Enterprise Service Registry.

4.3 Enterprise Service

Die technische Grundlage für die Umsetzung einer E-SOA sind Services. SAP setzt hier weitestgehend auf Standardprotokolle zur Veröffentlichung von Services und Datenübertragung (Web Services).

In E-SOA wird der Begriff allerdings erweitert, so dass wir hier von Enterprise Services (kurz ES) sprechen. Ein ES ist gekennzeichnet durch folgende Merkmale:

- Der ES erfüllt eine betriebswirtschaftliche Funktion.
- Die Schnittstelle des ES verwendet globale Datentypen aus dem ESR.
- Der ES ist umfassend dokumentiert.
- Der ES ist klassifiziert, um leichter gefunden zu werden (Prozesskomponente, Business Objekt, ...)
- Seine Metadaten sind im ESR abgelegt.
- Das Design folgt der von SAP vorgegebenen Methodik (Entwicklungsprozess).

Die Anforderungen an den ES verbessern die Qualität der Dienste und ermöglichen eine bessere Wiederverwendbarkeit vorhandener Bausteine. Ähnliche Anforderungen stellt SAP auch an die Entwicklung von BAPIs.

4.4 Enterprise Service Repository

Das ESR ist das "Lagerhaus" für alle Metadaten zur Integration von Anwendungen und Prozessen.

Dazu zählen[12]:

- Integrationsszenarien
- Prozesskomponenten
  (Zusammenfassung von
  Business Objects)
- Ablauffähige Geschäftsprozesse
  (BPEL)
- Globale Datentypen
- Message-Typen
- Service-Interfaces
- Mapping

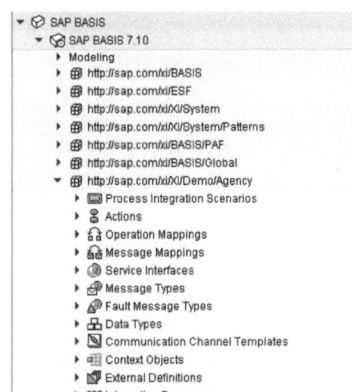

Darstellung 4-3: Beispiel ESR

Das ESR ist somit die zentrale Ablagestellt für alle Metadaten, die bei der Erstellung von Enterprise Services und Geschäftsprozessen benötigt werden. Durch die zentrale Speicherung dieser Informationen schafft das ESR die technische Grundlage für die Umsetzung einer unternehmensweiten SOA Governance (siehe auch Vortrag von Claus Bauer).

4.5 Enterprise Service Registry

Die folgende Definition ist angelehnt an (SAP, 2007, S. 4-40):

Die Service Registry ist eine auf offenen Standards basierende Registry für Web Services. Sie befindet sich zentral in einer SOA-Umgebung und enthält Einträge für sämtliche Services und Service-Definitionen in dieser Umgebung mit Verweisen auf die relevanten WSDL-Metadaten der Services und auf die Position der aufrufbaren Service-Endpunkte. Die registrierten Services werden über ein sematikreiches Klassifizierungssystem klassifiziert, um eine Service-Suche nach Klassifikation zu ermöglichen

Die Services Registry bietet Transparenz in einer SOA-Umgebung, indem sie Antworten auf die folgenden Fragen gibt:

- Wo in der Umgebung befinden sich Services?

- Welche Services wurden schon modelliert, aber noch nicht implementiert?

---

[12] Quelle (SAP, 2007, S. 4-34)

- Welche Services sind schon konfiguriert und können aufgerufen werden?

Die Service Registry ist ein zentrales System, in dem Entwickler verfügbare Services zur Wiederverwendung suchen können. Administratoren verwalten hier die Verbindungen zwischen Consumer- und Provider-Systemen.

Beispiel für Servicesuche:

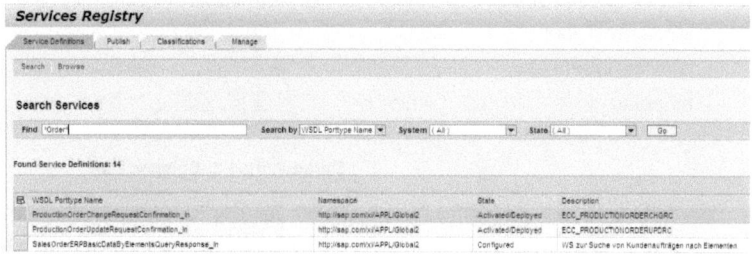

Darstellung 4-4: Servicesuche

Beispiel einer Servicebeschreibung:

Darstellung 4-5: Servicebeschreibung

4.6 Composition Environment

Das Composition Environment (kurz CE) ist eine Entwicklungs- und Laufzeitumgebung für Composite Applications. Composite Applications basieren auf dem SOA-Prinzip und nutzen bereitgestellt Dienste, um eine neue Funktion zu erfüllen. Die folgende Beschreibung des SAP NetWeaver CE basiert auf (Karch & Heilig, 2008).

Darstellung 4-6 zeigt die Bestandteile des CE und die damit verbundenen Anwendungsbereiche:

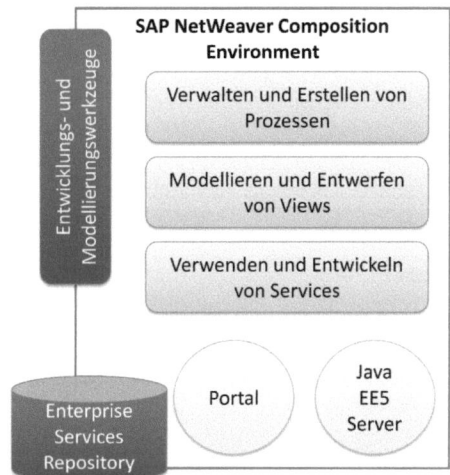

Darstellung 4-6: Elemente CE

Verwalten und Erstellen von Prozessen: Ziel des CE ist die Entwicklung von Anwendungen, um Geschäftsprozesse im SAP NetWeaver Portal abzubilden

Modellieren und Entwerfen von Views: Mit Hilfe von Views werden Informationen aus verschiedenen Systemen in einer Benutzeroberfläche dargestellt

Verwenden und Entwickeln von Services: Es werden Enterprise Services veröffentlicht und durch flexible Anwendungen konsumiert.

Technologische Basis für die Umsetzung ist ein Java EE5 Server. Das Portal dient zur Integration der verschiedenen Anwendungen und schafft eine einheitliche Benutzeroberfläche.

Das CE nutzt das Enterprise Service Repository, um vorhandene Dienste zu verwenden und neue Dienste zu veröffentlichen.

Für die Entwicklung und Modellierung stehen folgende Entwicklungswerkzeuge bereit:

SAP NetWeaver Developer Studio (NWDS)

- grafische Entwicklungsumgebung für Java-Entwicklungsprojekte
- Unterstützt die Entwicklung von Webservices, dynamischen Webseiten oder Anwendungen mit Web Dynpro for Java

SAP NetWeaver Visual Composer

- modellorientiertes Werkzeug für die Erstellung von Portalanwendungen ohne Programmierkenntnisse
- Fokus auf der Benutzeroberfläche

Guided Procedures

- Framework für das Modellieren und Erstellen von Prozessen

SAP Composite Application Framework (CAF)

- Erstellung, Anpassung und Erweiterung von xApps

4.7 Zusammenspiel der Komponenten

Das Zusammenspiel der einzelnen Komponenten ist in Darstellung 4-7[13] dargestellt:

Aktivitäten zur Entwicklungszeit:

- Anbieter liest Schnittstelle aus dem Repository.
- Anbieter implementiert den Service und kapselt ihn mit einem Proxy-Objekt.
- Anbieter publiziert den Service in der Registry.
- Konsument sucht den Service in der Registry und liest die Metadaten aus dem Repository.
- Konsument implementiert Proxy-Objekt für den Aufruf.
- Konsument verwendet den Service in Applikation.

---

[13] Quelle: (Huvar, Falter, Fiedler, & Zubev, 2008, S. 76)

Aktivitäten zur Laufzeit:

- Applikation ruft Methode des Proxy auf.
- Laufzeitumgebung übermittelt Anfrage an Anbieter.
- Anbieter verarbeitet die Anfrage und sendet Antwort an Konsument.

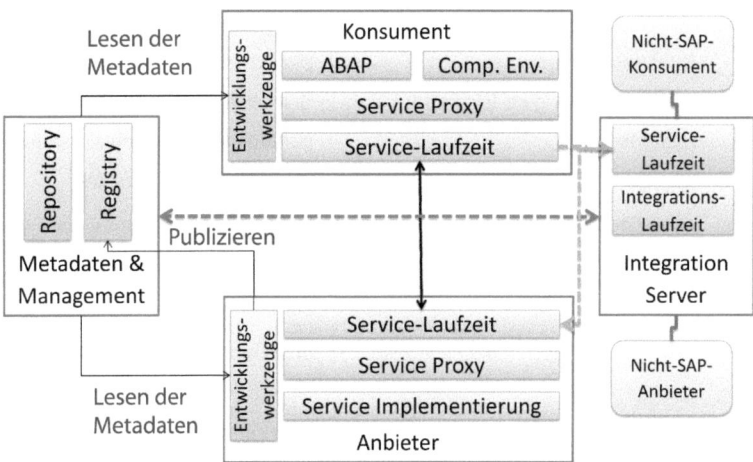

Darstellung 4-7: Zusammenspiel Komponenten

Bei der Anbindung von Nicht-SAP-Konsumenten bzw. Anbietern wird zusätzlich noch ein Integrations-Server benötigt. In der Regel ist das die PI, die dann auch Repository und Registry zur Verfügung stellt. Serviceaufrufe werden dann zur Laufzeit entsprechend über die PI gesteuert.

5   Anwendung

5.1   Services bereitstellen

Für die Bereitstellung von Diensten bietet SAP zwei grundsätzliche Möglichkeiten[14]:

Inside/Out	Outside/In
- Start mit existierender Implementierung im Backend-System. - Schnittstelle ist vordefiniert und reflektiert die vorhandene Implementierung	- Zentrales Design von Schnittstellen die betriebswirtschaftlich sinnvoll sind im Enterprise Repository - Verwendung globaler Datentypen - Generierung von Proxies aus dem Interface - Implementierung von „glue code" -> Aufruf von Funktionen im generierten Proxy - Implementierung kann geändert werden, ohne die Schnittstelle anzupassen

Darstellung 5-1: Services bereitstellen

Das Inside/Out-Prinzip ermöglicht eine schnelle Bereitstellung von vorhandenen Funktionsbausteinen als Services. Diese Variante ist lediglich mit ABAP-Bausteinen möglich. Hierfür wird ein Assistent für die Serviceerzeugung durchlaufen. Das Ergebnis ist der generierte Service innerhalb des Repository des SAP-Systems (siehe Darstellung 5-2).

---

[14] Quelle (SAP, 2007, S. 4-27)

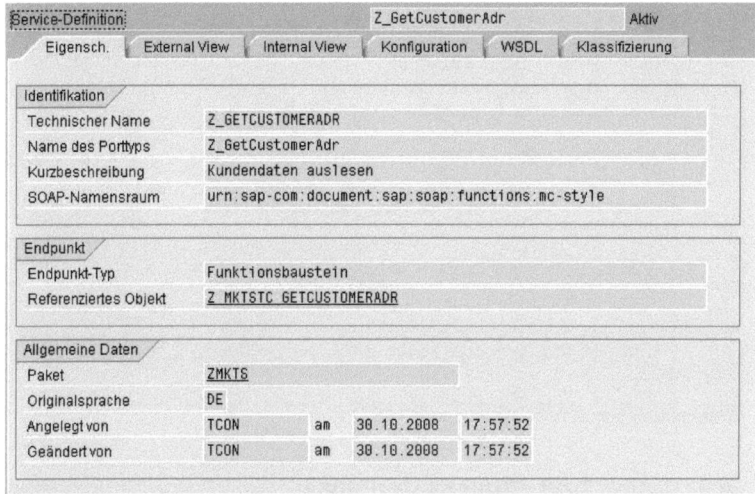

Darstellung 5-2: Service-Definition in SAP

Das Outside/In-Prinzip reflektiert den eigentlichen E-SOA-Gedanken. Hierbei werden Schnittstellen zentral im Repository verwaltet und globale Datentypen verwendet.

5.2 Services konsumieren

Je nach Anforderungen für die Anwendung und Vorlieben des Entwicklers können Enterprise Services z.B. konsumiert werden durch:

- ABAP-Programme
  (direkte Einbindung ins Coding durch die Verwendung von Proxy-Objekten, siehe Darstellung 5-3)
- Web Dynpro
  (direkte Verwendung in der Oberfläche oder indirekte Verwendung in Zusammensetzungslogik)
- Visual Composer
  (Web-basiertes, visuelles Modellierungswerkzeug für die Erzeugung von Portal-Anwendungen ohne Quelltext zu schreiben)
- Process Composer
  (Grafische Modellierung von Geschäftsprozessen mit BPMN; Einbindung von Services zur Automation von Prozessschritten, siehe auch 0)

```
* Proxy generieren
TRY.
    CREATE OBJECT lo_proxy.
    CATCH cx_ai_system_fault INTO lo_ex.
ENDTRY.

* Service aufrufen
TRY.
    CALL METHOD lo_proxy->zmktstc_getcustomeradr
        EXPORTING
            input  = ls_input
        IMPORTING
            output = ls_output.
    CATCH cx_ai_system_fault INTO lo_ex.
    CATCH cx_ai_application_fault INTO lo_ex.
ENDTRY.
```

Darstellung 5-3: Service-Verwendung (ABAP)

5.3 Galaxy bzw. Process Composer

Mit der Version 7.1 von NetWeaver stellt SAP erweiterte Funktionen für das Business-Process-Management zur Verfügung. Mit Hilfe von Business-Process-Management-Werkzeugen können Geschäftsprozesse auf der Grundlage von Enterprise-Services modelliert, ausgeführt, verwaltet und überwacht werden[15].

Das Werkzeug hierfür ist der Process Composer im NetWeaver Developer Studio. Die hier entworfenen Prozesse folgen der standardisierten Business Process Management Notation (kurz BPMN). Für unser Demo-Beispiel wurden zwei sogenannte Swim-Lanes zur Abgrenzung der Teilnehmer am Prozess (User_A und ERP-System) und drei Aktivitäten (Kundennummer eingeben, Kundendaten lesen, Kundendaten ausgeben) verwendet.

---

[15] Quelle: (Niemann, 2008)

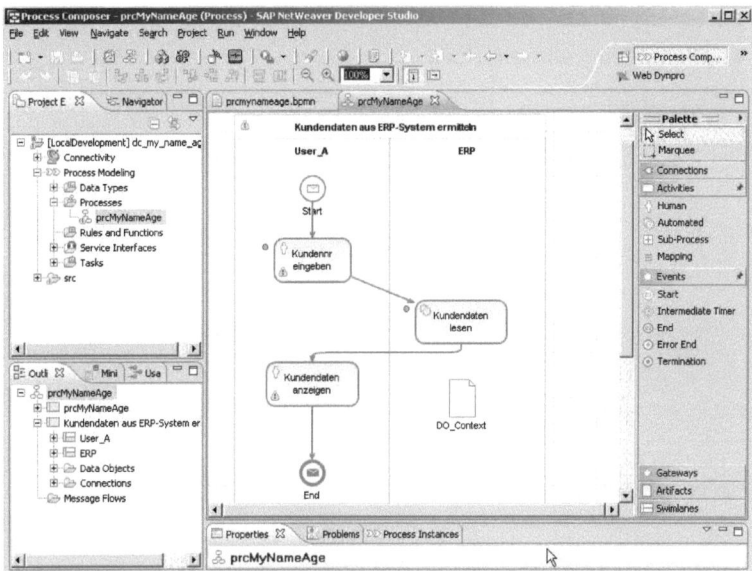

Darstellung 5-4: Geschäftsprozesse im Process Composer

Der Datenfluss zwischen den einzelnen Schritten ist über ein Input- und Output-Mapping definiert. Beispielsweise wird die Rückgabe der Daten aus dem Prozessschritt „Kundendaten lesen" an den Prozess folgendermaßen dargestellt:

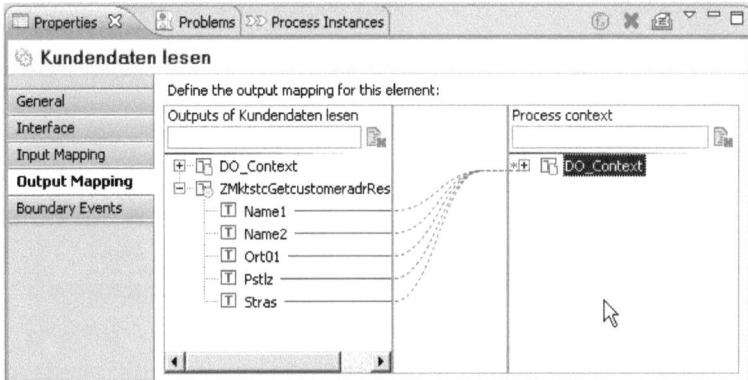

Darstellung 5-5: Datenfluss zwischen Prozessschritten

Der wesentliche Punkt bei der Modellierung im Process Composer ist die Verknüpfung mit den bereitgestellten Services. Über das Properties-Menü

„Interface" wurde hier die Aktivität Kundendaten lesen mit dem Service
Z_GetCustomerAdr verbunden:

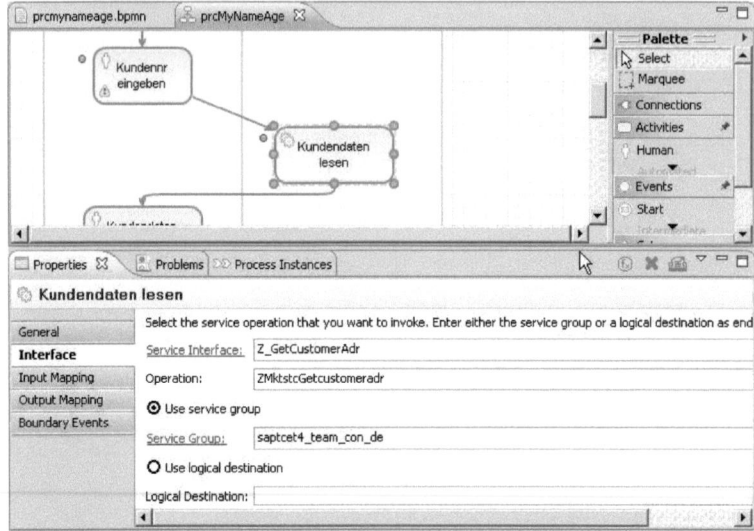

Darstellung 5-6: Service Interface

6   Perspektiven

SAP bietet heute vielfältige Möglichkeiten Services bereitzustellen und zu
konsumieren. Der Fokus liegt dabei darauf, die Geschäftsprozesse des
Unternehmens weiter zu optimieren. Durch die Schaffung einer SOA soll die
IT-Infrastruktur flexibler werden, wodurch die Anforderungen an
Geschäftsprozesse besser gemeistert werden können.

NetWeaver bietet hierfür mit dem Projekt „Galaxy" eine Entwicklungs- und
Laufzeitumgebung an, die es ermöglicht die Prozessgestaltung und
Implementierung ohne Medienbrüche zu realisieren. Es bleibt offen, wie
diese neuen Möglichkeiten durch Kunden und Berater genutzt werden.

Aus heutiger Sicht können Services bereits positiv zur Entwicklung von
Oberflächen beitragen. Im besten Fall können zusammengestellte
Anwendungen mit nur wenigen Zeilen Quelltext erzeugt werden.
Darüberhinaus bieten WebServices einen einheitlichen Standard für die
Anbindung von Fremdsystemen. Idealerweise erfolgt der Datenaustausch mit
einem zentralen Message-Hub, um so die Anzahl der Verbindungen zu

minimieren. SAP bietet hier mit NetWeaver Process Integration ein Werkzeug an, um die heterogene Systemlandschaft zu vereinen. Anwendungen, die heute entwickelt werden, sollten auf jeden Fall nach dem SOA-Grundgedanken ausgerichtet werden. Auf diese Weise ist der spätere Einsatz in heterogenen Umgebungen oder die Integration in eine Prozesslandschaft leichter möglich. Allerdings müssen hierfür Softwarearchitekten und Entwickler umdenken: Funktionen müssen besser gekapselt und Schnittstellen stabil gehalten werden. Zudem muss die Semantik der bereitgestellten Services ausführlich dokumentiert werden. Nur so ist ein hohes Maß an Wiederverwendbarkeit und Flexibilität gegeben. Maßgeblich hierfür ist die Einführung einer SOA Governance.

Es stehen auch noch offene Fragen im Raum, die vor einer breiten Einführung im Unternehmen beantwortet werden müssen:

- Sicherheit
  Durch die Implementierung unternehmensübergreifender Prozesse stellen sich neue Herausforderungen für die Datensicherheit.

- Dienstverfügbarkeit
  Bei der Auslagerung (Outsourcing) von Services müssen Vereinbarungen über die Verfügbarkeit der Dienste verhandelt werden. Hierfür müssen Metriken ausgearbeitet werden.

- Testumgebung
  Es müssen neue Werkzeuge für das Testen von system- und unternehmensübergreifenden Geschäftsprozessen bereitgestellt werden.

Für die erfolgreiche Umsetzung einer SOA ist die Einführung von qualitätssichernden Maßnahmen unerlässlich. Diese werden unter dem Betriff Governance zusammengefasst. SAP stellt mit dem zentralen Metadaten-Repository lediglich die technische Grundlage bereit. Die Umsetzung einer SOA betrifft allerdings die gesamte Organisation des Unternehmens.

Darstellungsverzeichnis

Abkürzungsverzeichnis

ABAP	Advanced Business Application Programming
AS	(NetWeaver) Application Server
BAPI	Business Application Programming Interface
BPM	Business Process Modelling
BPMN	Business Process Modelling Notation
CAF	Composite Application Framework
CE	Composition Environment
CIO	Chief Information Officer
CRM	Customer Relation Management
DLL	Dynamic Link Librafy
ERP	Enterprise Ressource Planning (System)
ES	Enterprise Service
E-SOA	Enterprise SOA
ESR	Enterprise Service Repository
IT-Abteilung	Informationstechnologie-Abteilung
J2EE	Java 2 Enterpriese Edition
JAVA	Objektorientierte Programmiersprache
NWDS	NetWeaver Developer Studio
PI	Process Integration
PLM	Product Lifecycle Management
SCM	Supply Chain Management
SOA	Service Oriented Architecture
SOAP	Simple Object Access Protocol
WSDL	Web Service Description Language
XI	Exchange Infrastructure

Literaturverzeichnis

Heutschi, R. (2008)
Serviceoreintierte Architektur. Berlin, Heidelberg: Springer.

Huvar, M., Falter, T., Fiedler, T., & Zubev, A. (2008)
Anwendungsentwicklung mit Enterprise SOA. Bonn: Galileo Press.

Jie Deng, M. H. (2008)
*BPM160 - Building Your Own Composite Business Processes From Scratch
With SAP NetWeaver BPM.* Berlin: SAP TechEd.

Karch, Heilig, Bernhardt, Hardt, Heidfeld, & Pfennig. (2005)
SAP NetWeaver. Bonn: Galileo Press.

Karch, S., & Heilig, L. (2008)
SAP NetWeaver (Bd. II). Bonn: Galileo Press.

Kessler, K. (2008)
Java-Programmierung mit SAP NetWeaver. Bonn: Galileo Press.

Niemann, F. (20. 02 2008)
Projekt Galaxy: SAP baut NetWeaver zur SOA-Middleware aus.
Computerwoche .

Rosenberg, A., & Dietrich, M. (2008)
BPM103 - Blending Business Process Management und SOA.
Berlin: SAP TechEd 08.

SAP. (2006)
Business Intelligence umfassend nutzen - mit SAP NetWeaver.
Walldorf: SAP AG.

SAP. (2007)
SAP Enterprise SAO-Fundamentals. Walldorf: SAP.